Roundy & Friends
Libro Cuatro

En Español!

Andrés Varela

Ilustraciones y Diseño Gráfico por Carlos F. González
Co-Producción Germán Hernández
Cuarta Edición

Anteriormente...

Houston

Kansas City

  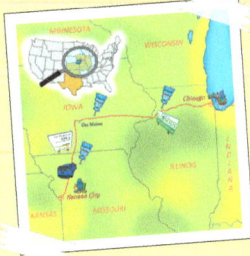 

Chicago

3

El grupo llega a Salt ForkStatePark donde empiezan a armar las carpas de camping. Roundy, Ben y Gabe se meten al lago, porque eso es mucho más divertido que armar las carpas.

Ya cuando el campamento está listo, van a la marina que está cerca y alquilan un bote llamado: Pontón (Pontoom en inglés); es un bote que flota sobre cilindros de metal y puede llevar varias personas. Los pontones se alquilan por horas y son muy fáciles de manejar. Pueden ir rápido y remolcar gente que esquía en el agua.

Llevan una nevera portátil con refrescos, todos están muy emocionados de subirse en el pontón. Deben ponerse los chalecos salvavidas, la seguridad es muy importante!

Teo es el capitán del bote, maneja el pontón hacia la mitad del lago.

Ben pregunta para que se usa esa banderita?, Teo le responde: "Esa bandera es usada para avisarle a las personas de los otros botes que hay gente en el agua cerca al nuestro".

Emma dice: "Vamos a esquiar en el lago".

Emma y Earl se meten al lago y se ponen los esquíes. Esta vez se ponen dos esquíes cada uno. "Esquiar en uno solo es mucho más difícil que en dos", explica Teo.

"La próxima vez podemos usar un solo esquí", dice Emma.

Después de varios intentos Emma y Earl pueden esquiar lo cual es muy divertido!

Vuelven al campamento. Se sientan alrededor de una hoguera y comen masmelos.

Toman un tiempo para reflexionar.

Roundy pregunta "que significa reflexionar?".

Teo le responde, "reflexionar es pensar acerca de lo que has hecho en las últimas semanas, días, horas y analizarlo. Esto te ayuda a recordar detalles que te harán permanecer atento y organizar tus recuerdos para que pienses en ellos en el futuro".

Columbus Crew Stadium

Downtown Columbus

RETURN TO CITY

Al día siguiente vuelven a Columbus. Van a un partido de fútbol entre Columbus y Toronto. El estadio está cerca al centro de Columbus, se dirigen hacia el Este y después hacia el Norte donde queda el estadio.

Al llegar al centro de Columbus Teo les muestra el panorama de la ciudad y les cuenta como el estadio de Columbus se construyó en 1999. Fue el primer estadio solo de fútbol construido en los Estados Unidos. El estadio tiene una capacidad para más de 20,000 personas.

Hablan también de lo deliciosos que fueron los dulces que comieron en la feria de Columbus.

Llegando cerca al estadio el tráfico aumenta. Hay miles de autos entrando al estacionamiento. En la entrada pagan la tarifa por carro y se dirigen a buscar un sitio donde estacionar la van.

Encuentran un buen sitio para estacionar y arman una tienda para protegerse del sol. Comienzan a comer y tomar refrescos (llamado Tailgating en inglés). Esta actividad tradicional fue creada en los Estados Unidos para que la gente se reúna antes de los eventos deportivos o los conciertos.

El grupo come unas hamburguesas y perros calientes. Mucha gente del equipo local de Columbus estacionan sus carros.

Después de un rato unas gemelas vestidas de color rojo como la bandera Canadiense se acercan. Preguntan: "notamos que no están usando los colores amarillos del equipo local, nosotras tampoco, podemos unirnos a la fiesta?".
El grupo está feliz de encontrar dos amigas nuevas. Sus nombres son Danielle y Marie. Son de Toronto en Canadá y manejaron su carro por seis horas para ver este partido.

Después de comer se dirigen hacia el estadio a buscar sus sillas. Se sorprenden al ver que el estadio está amarillo, los aficionados están vestidos de amarillo. Todos saben que los aficionados de Columbus son muy apasionados por su equipo.

El estadio es muy cómodo, como dicen popularmente: "no hay silla mala en este estadio".

Lo cual significa que todas las sillas tienen una vista muy buena del campo de fútbol.

Todos están felices con sus sillas. Están muy cerca de las banderas del tiro de esquina.

Roundy se acuerda del viaje a Houston hace unas semanas que conoció a End y Tall en el parque. Roundy le pregunta al banderín del tiro de esquina si los conoce. El le contesta "Si, End y Tall son mis primos. Ellos se fueron a vivir a Texas hace unos años. Si los ves otra vez saludalos de mi parte, mi nombre es Toly!".

En el medio tiempo el marcador es 0-0. No ha sido un juego muy emocionante, pero si ha sido una gran experiencia. Roundy, los hermanos Glovy y Teo se van a comprar algo de comer. Mientras que están en la fila Ben se da cuenta que los colores de Roundy se están volviendo más oscuros, y se lo dice a Roundy. Roundy piensa en el color de su cuerpo cuando se despertó en la playa, y Ben tiene toda la razón, era más claro.

Cuando vuelven a sus sillas Ben les cuenta a todos como el color de Roundy se está oscureciendo. Teo dice "lo que sucede es que Roundy perdió su memoria durante ese huracán en Texas. Con la pérdida de memoria también perdió su color natural, que normalmente es más oscuro que como está ahora. Este viaje le está ayudando a recordar y conocer muchas cosas, así que está recuperando su color natural, lo cual es muy bueno para él!".

El partido términa con un empate. El segundo tiempo fué mucho mejor que el primero. El grupo está muy feliz de haber visto el juego y se dirigen hacia el estacionamiento.

Cuando vuelven a la van Teo les muestra el mapa de la ruta que van a tomar en este viaje a Marie y Danielle. El las invita a que se unan al grupo para el resto de la aventura. Las hermanas están muy interesadas en el viaje pero necesitan volver primero a Toronto, antes de unirse al grupo.

Prometen que vuelven a Toronto y después volarán de Toronto a Washington D.C. en unos días.

La van y el carro de las gemelas salen del parqueadero del estadio y toman rutas diferentes. La van sigue hacia el Este hacia Washington D.C. y el carro sale hacia el Norte de vuelta a Toronto.

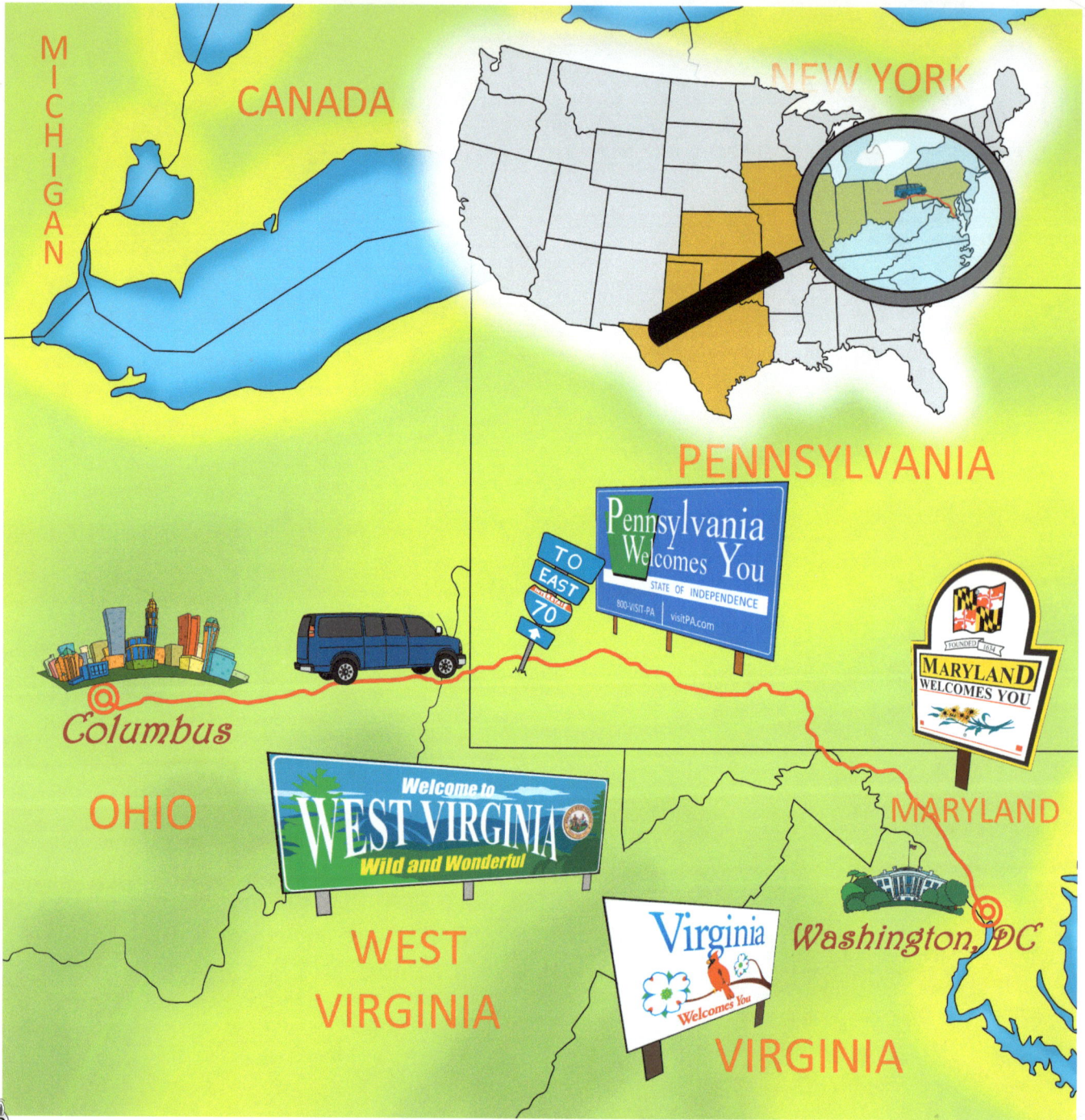

MICHIGAN

CANADA

NEW YORK

PENNSYLVANIA

Columbus

TO EAST 70

Pennsylvania Welcomes You

STATE OF INDEPENDENCE

800-VISIT-PA   visitPA.com

MARYLAND WELCOMES YOU

FOUNDED 1634

OHIO

MARYLAND

Welcome to
WEST VIRGINIA
Wild and Wonderful

WEST
VIRGINIA

Virginia

Welcomes You

Washington, DC

VIRGINIA

La van se dirige hacia el este por la autopista I-70. Cruzan un trayecto corto al Estado de West Virginia donde ven el aviso que dice: "Bienvenidos a West Virginia, salvaje y maravillosa". Después al Estado de Pennsylvania y el aviso dice: "Pennsylvania les da la bienvenida, el Estado de la Independencia". Cuando cruzan a Maryland el aviso dice: "Maryland les da la bienvenida, disfruten su visita".

Muy pronto la próxima historia....

www.ingramcontent.com/pod-product-compliance
Lightning Source LLC
Chambersburg PA
CBHW042010090426

42811CB00015B/1598